あなたのハートに効くコトバ

鋼の心を作るための名言集

ハイブロー武蔵

SOGO HOREI PUBLISHING CO., LTD

カバーオビ引用　『勇者は語らず』城山三郎　著

はじめに

なんだか、暗い世の中です。

リーダー不在の政情不安、所得の減少化、そして、それに伴う雇用率の低下……新聞でもテレビでもインターネットでも、出てくるニュースは暗いものばかり。

しかし、だからといって、わたしたちの心まで暗くなっていいものでしょうか？

この本は、２００１年12月に『自己信頼』という名前で一度発刊されたものです。

原稿の半分程度は少しずつ書き溜めていたものですが、残りの半分は、東京・五反田のＮＴＴ関東病院にて書き上げたものです。当時、思わぬ事故で入院騒ぎ、そして手術を経験することになりました。

その間、自分という人間が、いかに頼りない存在なのかを思い知らされました。

しかし一方で、別の自分が、私を信じつづけているのを見ることができました。

初めて、私は、自分を少し見直しました。

さらには、私を支えてくれているたくさんの方々の励ましがありました。これには、私もありがたくて、お礼の言いようもありませんでした。

こんな私でも、心配していただけで、しっかりしろよ、と言っていただける。なんて、なんと幸せなことでしょうか。

私は、しっかりと自分を信頼して、生き抜き、なんとしてもその期待に応えたいと願いました。

センチメンタルな思いかもしれませんが、私は、自分を大切にしつつ、皆様になにかしらのお役に立てる人間をめざすことを誓いました。


暗い世の中です。

だからこそ、私は、当時の思いを忘れずに頑張りたいと思いました。

この本を手にしてくださったあなたの人生は、あなたの心は、いま、どんな状態でしょうか？

幸せで満たされていますか？

生きがいを感じていますか？
優しさであふれていますか？
それとも、疲れていますか？
絶望していますか？
悲しんでいますか？
明るい未来に向かっているあなたには、それが長く続くように。
悲しみに潰されそうなあなたには、自分を信じる強い、鋼の心が手に入るように。
そんな想いをこめて、もう一度、この本を世に出します。
ストレスの多い現代ですが、それでも明日は必ずやってきます。
あなたのハートが、本書に載る先人たちの言葉で、強くなりますように。

２００９年　５月、新緑のころ

ハイブロー武蔵

あなたのハートに効くコトバ／目次

はじめに 3

第1章 自分という人間

01 自分 12
02 私は私ひとりしかいない 14
03 悲しいとき 16
04 自分への疑問 18
05 不安 20
06 迷い 22
07 悩み 24
08 孤独 26
09 働く 28
10 好きなことを見つける 30
11 失敗 33
12 人生の選択 34
13 魂 36
14 小さなことが大事 38
15 好きな場所、ひとりの場所 40
16 なんでもないことの幸せ 42
17 私は大丈夫 44
18 次はもっとよくなる 46
19 疲れたら休む 49

第2章 世の中

01 世の中 52
02 世の中とはなんでもありのこと 54
03 友人 56
04 相手の話をよく聞く 58
05 ごめんなさいと言える 61
06 人を励ます 62
07 落ち込んでもいい 63
08 すべては自分から、そして自分へ 64
09 捨てばちにならない 66
10 フィーリングが合う 68
11 人を信じられないとき 70
12 傷ついたとき 72
13 他人のよいところを見る 74
14 手紙を出す 76
15 どっちの人 78
16 正義の味方 80
17 道徳とルール 82
18 人間 84
19 もっと思う 86

第3章

恋愛

01 恋愛 90
02 愛は惜しみなく与う 92
03 人を好きになるということ 94
04 あなたといると どうして明るくなれるのだろう 96
05 あなたといると自分も好きになれる。自信が湧いてくる 98
06 あなたと私 100
07 男と女とセックスと 102
08 錯覚 105
09 好きな人と少し離れること 106
10 疑う心 108
11 会うたびに 110
12 宝物 112
13 おいしい食事 114
14 あなたの好きなところ 116
15 私の好きなこと 118
16 一方的な恋（片思い） 120
17 失恋 122
18 別れと出会い 124
19 愛される、好きになる 126
20 生きていてよかった 128
21 私はあなたを生きていく 130

第4章

仕事・家族

01 仕事 134
02 人は仕事でわかることがある 136
03 家族 138
04 家族想い 140
05 リーダー 142
06 評価 144
07 役割分担 146
08 悲しみも、苦しみも、そして孤独も 148
09 ほどよい緊張感 150
10 休日 152
11 危機を笑え 154
12 ケチと質素 157
13 悪口 158
14 いじめ 160
15 恐れない 162
16 あきらめない、へこたれない 164
17 謙虚な人 165
18 礼儀とあいさつ 166
19 自分を生かす 168

第5章

夢・希望・未来

01 希望 170
02 夢 172
03 希望の星 173
04 希望の星の見つけ方 174
05 イメージトレーニング 176
6 願いはかなう 178
07 祈り 180
08 明日の私へ 182
09 続けること 184
10 明日を信じて 186

おわりに 188

装丁　重原隆
本文デザイン　八木美枝

第1章

自分という人間

途中、雨や嵐が来ることもあろう。しかし、それをも、自分をより強くし、より素敵な人生を導くためのものだ。絶対に、夢と希望を見失ってはいけない。私たちは必ず幸せになれる。私たちは、必ず素敵な人生を送れるようになっている。そのために生まれてきたのである。

——ハイブロー武蔵

01

子供にこう教えようと思う。「自分を熱愛し、自分を大切にせよ」と。

―― 志賀直哉

しが・なおや

1883～1971
小説家。著書に『城の崎にて』『暗夜行路』『小僧の神様』など。

自分

人間関係は、自分との対話《たいわ》からはじまります。
人は、自分がなかなか見えません。
一方、人のことは案外《あんがい》見えるものです。

しかし、まず自分を知らなくてはいけない。

なぜなら、この私という人間こそが、いちばん、世の中で大切な存在だからです。

かけがえのないものだからです。

みんな自分を可愛く思い、自分の得になることを考え、自分の欲を満たそうとはします。

しかし、よく見ていると、そういうわりには自分のことを知らない。

本当の価値をわかっていないことが多いのです。

実は、もっと自分はよいものを持っている。

人間関係をよくするには、その自分をよく知るように努めることが出発点であり、最終目標でもあります。

自分と対話しつづけ、よく知ったうえで、上手にコントロールすること、これが、よい人間関係をつくるための最大の「秘訣《ひけつ》」なのです。

02

自己愛の国で人が発見したことが
どれほどあるとしても、
まだ、そこには未知の土地がたくさん残っている。

―――ラ・ロシュフコー

François VI, duc de La Rochefoucauld

1613～1680
フランスの文学者、モラリスト。著書に『ラ・ロシュフコー箴言集』『運と気まぐれに支配される人たち』など。

私は私ひとりしかいない

忘れているけど、いちばん大切なこと、それは私は私でしかないということです。
この世界には、私という人はひとりしかいません。
これまでも、これからも。
だから、とてもとても貴重な宝物なのです。

ただひとり、たったひとりしかいないんだから、ムリはしません。欲ばって、自分ではないものを見せようとすると苦しくなってしまうからです。

苦しくなると、自分をごまかしたり、自分に嘘をついたりして、ますます迷路に入ってしまうからです。

私の本当のよさ、そもそもの大事なところも見えにくくなって、自分も人も、私という人がわからなくなるからです。

本当は、ありのままの、生の自分がいちばんの魅力。

その、素敵な生の私を、まず自分が好きになってあげること。

そうすると、人も好きになってくれるのです。

そうやって、好きな自分を少しずつでいいから、一歩ずつでいいから、さらによくしていきたいのです。

大事に磨いて、みんなにもやっぱりいいところをお見せしたい。

そういう私がさらにいい。この地球上に、たったひとりしかない私なのですから。

03

わたしが親しみと友情を感じるのは、迷わない女、道を誤らない女ではなく、心に罪を感じ、過ちに傷つき、愚かな涙を流しつくしたような女です。

――瀬戸内寂聴

せとうち・じゃくちょう

1922～
小説家。天台宗の尼僧。著書に『いのちの対話』『生きることば　あなたへ』など。

悲しいとき

悲しいときがあります。
悲しくて、悲しくて。
でもいつもじゃありません。
涙を流したいときがあります。
涙が次々にあふれ出てくることもあります。涙は、私の疲れた心、私のすさんだ気持ち、私の心に溜《た》まったゴミを洗い流してくれるものです。

悲しいときって、人にとって、どんな意味があるのでしょうか。

悲しみを知る人には、やさしさがあります。

悲しみを経験していないと、人を深く思うことはできないと思うのです。悲しみを知る人のあたたかい言葉が、私の心に響きます。

よし、やり直そう、と思います。

きっと、よくなると思います。

悲しみは、人間にやさしさを教えてくれるためにあるんじゃないでしょうか。


私は、悲しみを知っている人、悲しみを経験している人が好きです。

私も悲しみを知っています。

泣いたときもたくさんあります。

でも、人前では悲しみはあまり見せないでいたいのです。それは、私の秘密の宝物だからです。

それでも、そこから生まれてくるやさしさは、まわりの人にあげたい。

だってその人たちが好きだから。好きな人を包みこみ、好きな人を守ってやりたい。

悲しみとやさしさを知る私でいたいのです。

04

我は我が最も親しき友なり。

――森鷗外

もり・おうがい

1862～1922
小説家・論評家。著書に『舞姫』『うたかたの記』『阿部一族』など。

自分への疑問

だれでも、これでいいのかなと疑問に思うときがあります。

今、こんなことしていていいのかなと不安になることがあります。

きっとそれは、もっとできること、したいことがあるのに、それができていないと感じてしまうからでしょう。

しかし、実はそう思うかぎり、まだまだ先はあるということです。

それは、もっとよい成果を出せる、もっと重要な役割をこなせる、という自負があるということ。

それは、なにをしているんだ、と自分に激励《げきれい》をとばしたいときに、これでいいのかと思うからです。

自分という人を決めるのは、結局自分しかいません。
私は、どんなことができて、私はどんな人間になるのか。
今やっていることも決してムダではないのです。
それをきちんとできないことには、その先もありません。

出発点、発射台が存在しないことになります。
きっと、先があります。さらなる先があります。
そのために、今、がんばるのです。やれることをやる、今の私を、信じて。

05

よくよく考えてみると、
人はこれまで大変な落胆《らくたん》を経験し、
とてつもない困難《こんなん》に直面《ちょくめん》してきた。
そして、それに打ち勝ってきた。
だから、あなたにも必ずそれができる。

――デール・カーネギー

Dale Carnegie

1888～1955
アメリカの教育家。『人を動かす』『道は開ける』『人を生かす組織』など。

不安

不安を感じることがあります。
なんだか、落ち着きません。
そんなとき、まずシミュレーション、してみるんです。
最悪の場合をです。
開き直れる方法、やり直せる道が、いくつかあることがわかるはずです。

なんだ、なんとかなることじゃない、とそう思えます。

不安は、成長、進歩の前段階でもあります。

停滞していようとする心が、進もうとする心に「待った」、と声をかけているのです。

それが、大きく、誇大妄想《こだいもうそう》になると恐怖になってしまいます。

現実はそれより厳しいことも起きるかもしれません。

しかし、その不安や恐怖を打ち消す毎日の心の練習は、どんな現実が来ても、それに克つことができる自分をつくってくれます。

不安や恐怖は打ち消すことができます。

毎日、それが浮かんだら「そうじゃない、こうできる、こうなる、こうしてみせる」と打ち消すのです。

なにが来ても、なにが起きても恐くないと言うのです。

本当に大丈夫になります。

06

人間は、努力しているあいだは、迷うにきまっている。

――ゲーテ

Johann Wolfgang von Goethe

1749～1832
ドイツの作家。著作に『若きウェルテルの悩み』『ファウスト』など。

迷い

迷いというのはだれにでもあるものです。

迷いはあってもいいと思います。

だけど、決断も必要です。

決断しない人生は、空に飛んでいった風船、海に浮かんだクラゲのようなものでしょう。

大事な人たちからも、私が見えなくなります。
大切なものからも、離れてしまいます。
迷いはある。
だから、決断する。
決めてしまえば、なにかが起こります。
次になにをすればよいかもわかってきます。

だけど、また迷いが出てきたら？
そうしたら、また、決断すればいいのです。
こうして、だんだん、いい方向に近づいていくのです。

07

悩むのは、ますます、成長していくためなんですから。自分を信じていれば、劣等感は生まれない。

――エレノール・ルーズベルト

Anna Eleanor Roosevelt

1884～1962
婦人運動家。アメリカ合衆国第32代大統領、フランクリン・ルーズベルト夫人。

悩み

悩んでもいい。
悩むのは、前向きに生きている証拠です。
悩むのは、自分を変えたいからなのです。
よい方向に変えたいからなのです。
しかし、劣等感というのは必要がありません。人はだれもかけがえのない存在だからです。

だから、悩みでつまずいたり、終わったりしてはいけないのです。

それに、ちょっぴりは許されるけど、人にたくさん悩みをぶつけてはいけません。人を巻き込んではいけません。だって、悩みは自分自身を変えていくため、成長するためにもあるからです。

他人に大きな心配を、あるいは他人に迷惑をかけてはいけないのです。

でも、まったくいけないというわけではありません。

特に、好きな人や友人で私やあなたのことをよく知っている人に、悩みを相談するのはいいと思うのです。

だれだって悩みはあるもの。

それはだれでも知っています。早く、その悩みを解決して、もっと前に行かねばならないのです。

それと、自分がいくら悩んでも解決できないことは悩むのはやめたいと思います。

悩むのは、自分の努力で解決できるものだけです。

いくら悩んでも、クレオパトラのような鼻の高さにはなれないのです。

その分、自分を信じる言葉を覚えたいと思います。自分を励ましたいと思います。

08

必要なのは、孤独、大きな内的な孤独というものだけなのです。

――ライナー・マリア・リルケ

Rainer Maria Rilke

1875～1926
ドイツの詩人。著書に『マルテの手記』『若き詩人の手紙』など。

孤独

人は本来孤独なんです。
でも、孤独って悪いことばかりじゃありません。
ひとりだから、孤独だから、人を本当に愛せるのです。人を好きになれるのです。
そしてやさしくなれるのです。

また孤独をよく知る人こそ、よい人間関係、そしてよい仕事をなすことができます。自分を見つめることもできる人なのです。

孤独を知ると、恋人、家族、友だちが素敵に思えるのです。

愛しくなるのです。

孤独から逃げずに、しっかりと見つめてみましょう。

そんなときも必要なのです。

09

石橋を叩けば渡れない。

西堀栄三郎

にしぼり・えいざぶろう

1903〜1989
科学者。南極観測隊第一次越冬隊長。著書に『石橋を叩けば渡れない』『ものづくり道』など。

動く

街に出てみる。
歩いてみる。
公園に行ってみる。
デパートをぐるっとまわってみる。
旅行をする。

そんなふうに、詰まったら、動いてみることです。
気になったら電話してみる。
もっと気になったら、手紙を書く。
会ってみる。
じっと考えることや、瞑想《めいそう》も、もちろん必要なときがあります。
だけど、人間はどこまでもバランスです。
動いていると初めてわかることが、たくさんあるのです。
やりたいことが出てきたり、やらなければならなくなったら、まず動くのです。
世の中は、けっこう、いろいろあるものです。
動くとわかることも多いのです。
だから、動いてみるのです。

10

そういうのって、人生の小確幸（小さいけれど確かな幸せ）というべきか。

――村上春樹

むらかみ・はるき

1949～

小説家。著書に『ノルウェイの森』『海辺のカフカ』『ねじまき鳥クロニクル』など。

好きなことを見つける

好きなことってありますか？

たくさんあるでしょうか。

よく自分の生活や人生を、つまらない、つまらないと言ってしまうけれど、見方をちょっと変えてみると、意外に好きなことがたくさんあるものです。

こっそりひとりで、自分の好きなもの探しをするのもいい。

並べてみると、おもしろい。

私？　まずはもちろん、本を読むことが好きです。

そして好きな音楽をハイテンションで聴くこと。

お酒も大好き（だけど、ちょっとひかえよう）。

好きな木の下など、ひとりだけでボーッとできる秘密の場所を見つけること。

好きなデザイナーとかブランドを見つけ、新作をいつもながめてみること。

これぞ、というカフェ探し、ラーメン屋さん探し。

スーパーの品揃えを見てまわること。

特にくだもの、野菜コーナー。

いちばん好きなのは、実は海外旅行なんですけど、これはまたの機会にしましょう。

子どものころ好きだったことも、少しずつ思い出して、ひとつずつ復活させようと思います。野山の植物たち、一つひとつをながめて名前を思い出していきます（今度図鑑を買おう）。どんぐり拾い、椎《しい》の実拾いも欠かせない。

こうして確認してみると、好きなもの、好きなことってたくさんあります。

大事な一度の人生だから、小さなことも大きなことも、いろんな白分の好きなことを見つけておこう。

そんな中から、ときどき思う存分、好きなことをしよう。

自分がさらに少しずつ好きになります。

11

トライアンドエラーを繰り返すことが、〈経験〉と〈蓄積〉になる。独自のノウハウはそうやってできていく。

――井深大

いぶか・まさる

1908～1997
ソニー創業者。著書に『幼稚園では遅すぎる』『わが友　本田宗一郎』など

失敗

失敗は私の最高の財産。
失敗がたくさん溜まったらよい本が書けるようになります。
あなたをもっと深く、強く好きになれます。
私が力強くなります。
私が、もっともっと魅力的になります。

12

より良い人生は、間違いなく存在しています。
そして、今や皆さんは、
それを生きるための鍵を、見事に発見したのです！
あとは、その鍵を用いることを選択するのみです！

――オグ・マンディーノ

Og Mandino

1923～1992
アメリカの小説家、人生哲学作家。著書に『十二番目の天使』『史上最強の商人』など。

人生の選択

いいことも悪いことも、決めるのは自分です。

決めないよって、人についていくだけだよって言ったって、それも決断のひとつなのです。

自分で決めないという選択。

他人にまかせるという選択。

それも自分がいいと思えばそれでいいのです。

だけど、悪いことすべて、自分がうまくいかないことすべてを、人やまわりのせいにはしたくありません。

だって、それは自分が決めたことですから。

ここで、ちょっと生き方を変えてもいいと思うのです。私の人生なんだから、素敵な人生にしたい、それを自分で選んで決めていく、と。

まちがったっていい。

また、すぐ、変える選択もできるわけですから。

それぞれに選んで、それぞれに決めていく、それがそれぞれの素敵な人生です。

より良い人生は、間違いなく存在しています。

13

歌を作ることと
先祖を敬うことはどこか似ている。

――桑田佳祐

くわた・けいすけ

1956～
ミュージシャン。代表曲『TSUNAMI』ほか多数。著書に『素敵な夢を叶えましょう』など。

魂《SOUL》

魂ってある。
意識もある。
心もある。
ちがいはよくわかりません。私はとりあえず、こう思っています。
心は、私の気持ち。

あったかい気持ち。

頭で考えたことも、ある程度、わかってくれます。

言葉でもすぐつなぐことができます。

次に魂。

これは心のちょっと奥にある生命の響き。

熱くて、勢いがついていて、強く感動するとドンと出てくるものです。

さらに意識。

意識の世界は、言葉や心、そして魂をも包み、大きく広がったり、特定の人とつながったり、死んだ大事な人とも、宇宙のどこかとも、あるいは神様とも対話できる不思議なものです。

心を、そして魂を喜ばせると、意識もパワーアップしてきます。

だからたまには、心と心だけでなく、魂と魂をぶつけあう感動を経験したいのです。

いろんな人、いろんなものと意識でもつながるために。

14

人類は、その後も多くの体系を創り出し、信じてきた。ほとんどの体系はうそっぱちをひそかな基礎とし、それがうそっぱちとは思えなくするためにその基礎の上に構築される体系はできるだけ精密であることを必要とし、そのことに人智《じんち》の限りが尽くされた。

――司馬遼太郎

しば・りょうたろう

1923～1996
小説家。著書に『竜馬がゆく』『坂の上の雲』『燃えよ剣』『菜の花の沖』など。

小さなことが大事

大きいことばかり言っていると、神様は逃げていって、そこにはいてくれません。
神は細部に宿りたもう、です。
神様は、小さなことを大事に、しっかりとする人、見つめている人を助けるのです。

コツコツと生きていく人。

自助の人。

自分なりに工夫し、しかも他人を励ましていく人が好き。

神様ってそういうもののようです。


私もそういう小さなことを大事にする人を信用します。大きいことを言う人、体系的思想にこだわる人はなにかうさんくさいと思うのです。

「ライムライト」の中でチャップリンも自殺しようとした踊り子に言って励まします。

「神は自ら助くる者を助く」と。

セルフ・ヘルプ。

一つひとつを自分の手で、小さいことをおろそかにせず。

これが、大切なのではないでしょうか。

15

人間同士のつき合いは、たとえ、どんなに遠慮のない仲であっても、常に一種の演技である。われわれが、時に烈しく孤独を求めるのは、この演技から免れたいからである。

――河盛好蔵

かわもり・よしぞう

1902〜2000
フランス文学者・評論家。『人とつき合う法』『エスプリとユーモア』など。

好きな場所、ひとりの場所

人は、自分だけの場所があったほうがいいと思います。
とっておきの場所、秘密の場所。
もちろん、自分の部屋もいいけれど、ほかにも、ほっとする場所が欲しいのです。
ひとりだけで、のんびりとできて、なんだか時間を忘れられて、いろんなことを空想したり、考えたりするところです。

自分を思いやる時間をつくるためです。

子どものころ、秘密の隠れ家というのをつくりました。

家は大家族で自分だけの部屋もなかったから、ひとりになりたいときに、そこに行きました。

森や林の中に、木と木を組み合わせ、枝や笹でおおった、なにもない、すきまだらけの空間だったけど、好きでした。

今は、都会に住んでいるから、公園のベンチとか、気に入ったカフェとか、好きなバーとか、そんなところです。

私のテーブル、私のベンチが埋まっていたら、すぐ別の〝私のもの〟のところへ移ります。

気にしません。

好きなところ、ほっとするところがあれば、心もほっとします。

16

たとえ、一椀の熱い味噌汁を口にしたとき（うまい！）と感じるだけで、生き甲斐をおぼえることもある。

——池波正太郎

いけなみ・しょうたろう

1923～1990
小説家。著書に『男の作法』『鬼平犯科帳』など。

なんでもないことの幸せ

健康な心と、元気な、いつもの、ハツラツとしたからだ。

当たり前なんだけど、病気をしたりすると、からだがふつうでいてくれることのすごさが、よくわかります。

食べる。

飲む。

息を吸え。

歩く。

手を動かす。

おしっこをする……。

どれも、ふつうにできること。

痛みのひとつ、不自由のひとつでも、自分が経験してみないとそのすごさはわからないかもしれません。

でも、健康な、なんにもないときに、ふっとそのことに感謝してみたいと思います。

自分のからだや心や、その日、一日が、ふつうに過ぎていくことは、すばらしくってうれしいこと。

なんにもない、いつもの一日に、ありがとうと言いたいのです。

17

失望に居座《いすわ》られてはいけない。
そのたびに立ち上がる人を、
神は愛し支えてくださる。

――エドガー・ケイシー

Edgar Cayce

1877〜1945
アメリカの予言者。関連書籍に『眠れる予言者エドガー・ケイシー』『永遠のエドガー・ケイシー』など。

私は大丈夫

私は大丈夫です。
たしかに傷つくのはイヤです。
と、思いつつも傷つきやすい私です。
しかし、このごろ、やっとわかりはじめたのです。
傷つくこと、そして、そこから立ち直ろうとする自分が、私という人間を育てていくのだ、と。

人は、傷つくことから、必ず、立ち直らなくてはいけないのです。そうしないと、神様はあなたに微笑むことができないのです。

人はなにも努力することなしに、成長することはありえません。人の魅力、輝きもそうなのです。そこに、人それぞれの価値も増してくるのではないでしょうか。

だから、傷ついてもいいんです。

そのたびに、私は魅力的になれるんですから。

あなたも、私も大丈夫。

きっと立ち直れるのです。

いつも。

何度でも。

18

「ああ、ここにおれの進む道があった！ようやく掘り当てた！」こういう間投詞を心の底から叫び出される時、あなたがたは初めて心を安んずることが出来るのでしょう。

――夏目漱石

なつめ・そうせき

1867～1916
小説家。著書に『我輩は猫である』『坊ちゃん』『こころ』など。

好きで好きでたまらない

好きで好きでたまらないこと。
これが私の宝です。
好きなこと、好きなものは、人それぞれの宝物です。
好きで好きでたまらない。
世界一、きっと私がそのことを好き、と言えるようになりたい。

気持ち、心ではそう言えるようになりたい。
私は世界一あなたを好きと言えます。
自分が世界でいちばん好きなものは、私とそしてあなたです。
そして、好きで好きでたまらないものは、ひとつでなくていい。
仕事でも。
家族でも。
本でも。
趣味でも。
でも、とてもいっぱいはムリです。
愛や思いに限界はないというけれど、たくさんの相手は不可能。
たくさんのものも不可能。
それはできません。
一人ひとり。
一つひとつ。
どれだけ、深く思えるか。
大事に思えるか。
そして、いろんな分野で好きになれるものをじっくりと見つけていこう。
家族。

仕事。
趣味。
自然などなど。

あまりな欲ばりは、神や天にそっぽ向かれるかもしれません。
でも、一つひとつ大事にすること、好きで好きでたまらないことには、
きっと微笑んでくれます。

私はあなたが好きです。
そして、家族が好き。
友だちが好き。
仕事が好き。
本が好き。
自然が好き。
私が好き。

19

人間は何もしないで遊んでいる時に育つんだよ。

――小林秀雄

こばやし・ひでお

1902～1983
昭和期の評論家。『モオツァルト・無常という事』『本居宣長』など。

疲れたら休む

疲れたら休む。
休んでいると明日への勇気も出てきます。
休め。
休め。
そして、また、元気を出して生きていこう。

第2章

世の中

自分を壊さず、自分をまず大事に育てる。そうしていると、必要なとき、必ずいい人があらわれてくる。自分を大事にしている限りだ。弱くたっていい。淋しくてもいい。自分の夢を持ち、自分のことをしっかりと見つめていよう。いい人と必ず出会えるのだ。

——ハイブロー武蔵

01

世間は活《い》きている。リクツは死んでいる。

—— 勝海舟

かつ・かいしゅう

1823～1899
幕末・明治期の政治家。『海舟語録』『勝海舟座談』など。

世の中

人は自己愛の動物です。

しかし、おもしろいのは、人は、ひとりでは決して生きていけないということです。

自分が大好きで、いちばん大事なのに、それを全面に押し出すと、うまく生きていけません。

それは、みんなが自己愛のかたまりだからです。

みんなが自分を大好きでないと困るのです。

すると、今度は、自分がいちばんのもの同士が集まるわけですから、自分の思うようにいかない世界が出てくるわけです。

それが世の中というものです。

世の中を馬鹿にしてはいけません。この、世の中というものは、これほどありがたいものもないのに、いやらしく、イヤなものにもなりかねないのです。

しかし、自分を生かした人生を送ろうというのですから、どうせならきちんと、世の中の機微《きび》を学んでいかなくてはなりません。

ここは、謙虚になって自分をコントロールし、世の中の動き、世の中の考え、常識を知り、そこから逸脱《いつだつ》しないことが必要です。

ただ、どうしても自分の考え方、生き方を通したいときは、気概《きがい》を持ってこれを貫かなければなりません。

その態度さえ、凛《りん》としていれば、世の中も、あなたに一目を置くでしょう。

世の中というのは、そういうもののようです。

02

陽気になる秘訣《ひけつ》は、あすはきっと良くなる、と思いこんで暮らすことです。

――司馬遼太郎

しば・りょうたろう

1923〜1996
小説家。著書に『竜馬がゆく』『坂の上の雲』『燃えよ剣』『菜の花の沖』など。

世の中とはなんでもありのこと

恋も仕事も、なんでもかんでも、なんでもあり、というのがこの世の中。

なにが起きるかわからないのです。

よいことばかりじゃないかもしれません。

でも、だからこそ、明日はきっとよくなると信じていくのです。

なんでも起きてくれるんだから、夢にまでみた人と恋がはじまるかもしれません。
私を救ってくれるよい人と出会えるかもしれません。
なんでもありの人生は、気持ちひとつで豊かなものになります。
気分を高めていれば、なにかが起きます。
どうせなら、こう思うのです。
「できるだけ、とんでもないよいことが、来てくれますように」
きっとよくなります。
人生はこんなにも楽しいものです。

03

友達には、誠心誠意で付き合い、そうすることに相応わしくない者とは友達にならぬがよい。好むべき人を好み、忌《い》むべき人を忌むことができたなら、それは最高の人格者と言える。

――宮崎市定訳『論語』

孔子

B.C.551～B.C.479
中国の思想家。『論語』は彼の死後、弟子たちがまとめたものである。

友人

友人とは、自分を刺激し、高めてくれる人のことです。私のすべてを知り、あなたのすべてを知り、それでもいっしょに、生き抜いていこうと思ってくれる人です。

利害のみの人、感情でふりまわす人、相手のことを考えようとしない人、自らを成長させようとしない人など、友人とは言えません。

友人とは、その人にとって選ばれた、必要な人なのです。

だれとでも友人になるというのは、できません。

必要でもありません。

人のよいところをできるだけ見るようにはしていきますが、だれとでも友人になるのはちがうと思います。

自分にふさわしいよい人と出会い、その人を大事に思い、つきあっていく。

それが大切なことではないでしょうか。

04

人間は弱い者である。
腹を立てている客、不平を抱いている雇人、
傷心の友、これらの人々は
みなよき聞き手を欲しているのである。

——扇谷正造

おおぎや・しょうぞう

1913～1992
評論家。著書に『スピーチの作法』『ビジネス文章論』など。

相手の話をよく聞く

人はひとりずつちがいます。
一人ひとり自分の考え方、生き方、こだわりを持っています。
みんなに価値があるのです。
すべてに平等とは言いませんが、しかし、それぞれの価値に差はありません。

だから、意見の交換、情報の交換、話しあいまではいいけれど、議論はあまり意味がないことです。

その人なりの結論が先にあるからです。

感情的に嫌いになるだけです。

気まずくなるだけです。


議論に勝つと言ったって、どんな意味があるのでしょうか。

相手もこちらも、納得するわけじゃありません。


ですから、まず、相手の話をよく聞かなくてはいけません。

とにかく聞いてみるのです。

そして、ひとりのとき、自分の考えや生き方の参考になることがないか、じっくり、もちろん気張ることなく反芻《はんすう》するのです。

議論、討論では、相手のことが見えませんが、聞くことによって、あとでゆっくりと味わうと、いつのまにかわかるようになります。


逆に、聞く耳を持たない人、聞こうとしない人にいくら話してもむずかしいのです。

こちらもある程度の話を聞いてあげては止め、ということになりますから。

話し、そして聞くという関係こそ、人のよい関係、幸せな関係、成長していく関係なのです。

05

あやまりたいのである。
あやまってしまいたいのである。
けれどもあやまれない。だからまたわめく。
わめきながら、また心の声がささやく。
あやまりなさい、素直にあやまりなさい、
そうしたら、どんなに心が軽くなることか。

――松下幸之助

まつした・こうのすけ

1894～1999
松下電器（現・Panasonic）創業者。著書に『道をひらく』『指導者の条件』など。

ごめんなさいと言える

私は、心から「ごめんなさい」と言える人が大好きです。

「ごめんなさい」で、森羅万象《しんらばんしょう》が納得してくれるのです。木々も空も空気も、ホッと胸をなでおろすのです。

「ごめんなさい」が素直に言えるようになれば、世の中の一人前です。きっと、一流の人になれます。

06

人を幸せにする人が幸せになる。

――立石一真

たていし・かずま

1900～1991
オムロン創業者。著書に『人を幸せにする人が幸せになる』など。

人を励ます

人を励ましたい。
人を励ました数だけ、勇気をもらえます。
希望が湧いてきます。
勇気ある人はやさしい、勇気ある人は思いやりのある人です。

07

俺だって、サザンより売れているバンドやシンガーには、やっかみがあるよ。

――桑田佳祐

くわた・けいすけ

1956～

ミュージシャン。代表曲『TSUNAMI』ほか多数。著書に『素敵な夢を叶えましょう』など。

落ち込んでもいい

落ち込んでもいい。
しかし、すぐ、元気を取り戻そう。先へ進もう。
何度落ち込んでもいい。落ち込むのは、夢が大きいから。
自分のあるべき姿、こうなりたい姿を心に描いているから。
落ち込むのは、脱皮の苦しみだから。

08

自なくして他なし、他なくして自なし。

―― 安倍能成

あべ・よししげ

1883〜1966
教育者・哲学者。著書に『安倍能成選集』『人生をどう生きるか』など。

すべては自分から、そして自分へ

ほとんどのことは、自分からはじまります。

たのんで生まれて来たわけじゃないという人もいるけど、きっとそうじゃないと思います。

人間として生まれたいという、いっぱいの存在たちの中から、なんとか選ばれてきたのが、自分という人間です。

奇跡。

強運。

人間として生きていくうえで、忘れていけないと思うのは、このことです。

だから、大事に。大事に。

選ばれた人としての才能を生かし切れるように、いっぱい花を開かせるようにしたいのです。


自然や、世の中は、ずうっとあるけど、とりあえず、自分の人生は、自分ではじまり、そしてすべては、自分に返ってきます。

自分で終わります。

美しさを感じることも、恋も、ケンカも、トラブルもすべて、自分次第ってことです。

09

傷つき、悩む人、暗く落ち込む人が、必ず、必ず、明るいあしたを信じて復元するのはひとつの責務なんだ。この世に生まれたよき人の、それが使命なんだ。

――ハイブロー武蔵

Musashi Highbrow

1954～
本書の著者です。著作に『読書力』『自分に奇跡を起こす言葉』など。

捨てばちにならない

「ついてないな、今日は」、と思うときもあります。今日はやーめた、なにやってもだめだ、と決めつけてしまうときもあります。

でも、そんなこといつも言いつづけてると、人生なにやってもだめだと、捨てばちになってしまいかねません。

捨てると言いますが、自分の人生だから、本当は、心の奥では、絶対そんなこと思っていないのです。

「どこかの知らないだれかが、私を助けに来てくれる」と思っているのです。

だけど、心が捨てた鉢《はち》を拾ってこないと、助けようがありません。助けた人まで、巻き込まれるはめになるからです。

人も、神様もこのままでは危なくて、だれも助けにはいけません。だから、私を、大したことできない私を、そっと支え、助けてくれる人が支えられる、助けられる「鉢」を持っていなくちゃいけないのです。


人はひとりでは生きていけないから、そのことをいつもわかっていて、素直な心、復元できる心、支え、支えあえる心、そういった肯《うなず》ける心を持つことが大事です。

10

愛はお互いを見つめ合うことではなく、ともに同じ方向を見つめることである。

——サン＝テグジュペリ

フィーリングが合う

フィーリングということがあります。

これは、リクツではないものです。

心と心、魂と魂のふれあいで感じられるものです。

うれしい言葉。

「私たちってフィーリングが合うよね」

Antoine De Saint-Exupery

1900〜1944
フランスの飛行家・小説家。著書に『星の王子様』『夜間飛行』など。

人間は、つくづく不思議。

フィーリングは言葉でうまく言いあらわせられません。

フィーリングは気持ち。

フィーリングが合うとは、快いこと。

心がよろこぶ、魂がよろこぶ。

私の一つひとつの細胞も、神経も、脳も、なにもかもがよろこんでいるのがわかります。

感じているのがわかります。

フィーリングは、潜在意識からの声。

神に、宇宙につながる声。

大げさに言うと、そういうことです。

だから、自分の頭のリクツで考えたことと、ちがっていてもいいのです。


フィーリングは大事にしたい。

かなり本当の、自分のまだ気づいていない、自分の心の奥のほうから、そこからの発信だと思うのです。

11

汝《なんじ》の最大の敵は汝以外にない。

――ヘンリー・ロングフェロー

人を信じられないとき

裏切られることもあります。
だまされることもあります。
でも、大丈夫です。
よい人がいます。

Henry Wadsworth Longfellow

1807～1882
アメリカの詩人。著書に『哀詩　エヴァンジェリン』『ハイアワサの歌』など。

いろんな人がいます。

よい人を信じるんです。
よい人を見つけて、好きになり、大事にしていくのです。
それは、自分との戦いに敗《ま》けないこと、しんぼうすること。
きっと素敵な人、よい人があらわれてくるのです。

12

人は良くも言われ、悪くも言われるのがよい。

――三宅雪嶺

みやけ・せつれい

1860～1945
評論家。著書に『三宅雪嶺―自伝』『日本教育史基本文献』など。

傷ついたとき

人を傷つける人もあります。
ひどいことを言う人もいます。
悪い人もいます。
それが世の中でもあります。
だんだん自分を高めていくためです。

だから、自分を癒す言葉を持ちたい。
だれでも傷つくことがあるのですから。
からだだけでなく、心も。
人もいろいろ。
人生もいろいろ傷ついたときは、癒したい。
それが神の声。
天の励まし。
傷ついたときは、自分を励まし、もっともっと、強くなるんです。
人をもっともっと愛せるために。
自分も成長していくために。

13

人生われ以外みなわが師

吉川英治

よしかわ・えいじ

1892～1962
小説家。著書に『宮本武蔵』『三国志』『新平家物語』など。

他人のよいところを見る

他人のよいところを見ることも必要です。
人はだれしも長所と欠点があります。
よいところと、悪いところがあります。
だから、見ようによって、よくもなったり、悪くもなったりするものです。

私は私。

人は人。

それぞれに、いろいろなもの、それぞれの価値を持っています。

人を好きになることは、人のよい面を多く見られるようになるということです。見方によっては欠点も魅力となるのです。

あばたもえくぼです。

だから、人を好きになること、人を愛することは、自分の人生の宝物にもなるのです。

人のよい面をできるだけ見られる人は、心の広い人です。

そして、強さを持てる人です。

人を傷つけない人でもあります。

やさしい人です。

みんなを好きになることはむずかしいし、必要もありません。

だけど、好きな人はあったほうがよいのです。少しずつふやしたほうがよいのです。

そして、その好きな人を大事にし、人のよい面を見る練習をしていくのです。

それは、自分をもっと好きになることでもあるのです。

14

文は人なり。

――ジャン・パウル

Jean Paul

1763～1825
ドイツの小説家。著書に『巨人』『美学入門』『生意気ざかり』など。

手紙を出す

手紙は相手を喜ばせます。
もらうとうれしいものです。
だけど、手紙のいちばんの効果は、きっと自分がわかることだと思うのです。
思いを相手に伝えようと、何度も、何度も考えて、言葉を選び、文をつくってみる。

うまく伝わるかしら、と読みなおします。

なにをわかってほしいんだろう、私が本当に言いたいことはなんだろう、と全智全能《ぜんちぜんのう》を使って、しぼり出します。

そうしている上、書き終えたころには、こういうことを伝えたかったんだ、こんなことを思っているんだ、とわかってきます。

好きな人、大切な人たちに手紙を書くこと。

それは、相手には幸せを、私には、自分を知るということを与えてくれることなのです。

小さな手紙は、そんなことがいっぱい詰まっている、一人ひとりの人生の、大きな、とても大きな宝物なのです。

15

どんな見方をしようとかまわないようではあるけれど、紙一重のものの見方のちがいから、賢と愚、成功と失敗、繁栄と貧困の別が生まれてくるのであるから、やはり、いいかげんにものの見方をきめるわけにはゆくまい。

――松下幸之助

まつした・こうのすけ

1894～1999
松下電器（現・Panasonic）創業者。著書に『道をひらく』『指導者の条件』など。

どっちの人？

人は不思議です。

はっきりとどこがちがうなんて言葉で言えないのに、どっちかに分かれて見えることがよくあります。

魅力がある人、ない人。

輝いて見える人、見えない人。

明るく見える人、どうしても暗く見える人。

おもしろい人、なんかつまらない人。

会いたい人、会いたくない人。

話しやすい人、話しにくい人。

おはようと声をかけやすい人、かけにくい人。

たのみやすい人、たのみにくい人。

いっしょにいると幸せな気分になれる人、そういう気分になれない人。

ずっといっしょにいたい人、いたくない人。

たよりがいのあるように見える人、見えない人。

凛《りん》として爽《さわ》やかな人、そうじゃない人。

元気な人、元気のない人、などなど。

どこにその差があるのか、だれもはっきりとはわかりません。

ほんの、ちょっとしたことだと思うのです、それを分けるのは。

相手によっても、日によっても変わるのかもしれません。

だけど、ほんのわずかな差なんだけど、積み重なると、とても大きなちがいとなってくるから、恐いのです。

だから、毎日を、自分をしっかりと見て、気持ちをそういうふうによい方向に持っていこうと思う、思いつづけることが大切なんです。

16

人を責めることが大好きな人があるね、正義の味方には。

――田辺聖子

たなべ・せいこ

1928～

小説家。著書に『感傷旅行』『苦味（ビター）を少々』など。

正義の味方

子どものころ、正義の味方にあこがれました。

そのあこがれは救いです。

人間社会、世の中には、悪いことをして、ずいぶんいい思いをしている人がいるように見えます。

悪人だって偉そうに生きています。

力あるものが弱いものいじめをすることもあります。

しかし、やっぱり、そういうことは許されるはずがない。

そう思います。

この正義の感覚は人間の救いです。希望です。

一方、正義を言いつつ、自分の不満のはけ口にしたり、自分の弱さの隠《かく》れみのにする人たちもいます。

多数をたのんで、目立つ、あるいは、ユニークなことを主張する人たちをたたく。

正義の味方を装いつつ、要領《ようりょう》よく、無難《ぶなん》に、そして楽に生きていこうという人もいるのです。

こういう人は、なにが正義かはすぐ変わります。

私は、こういう「正義の味方」はイヤです。

結局、ただ、嫉妬の裏返しであり、安易《あんい》な生き方の証明なのです。

人よりまず自分を問いたいのです。

自分がちゃんと自分のよいと思う生き方をまず考えることではないでしょうか。

それを実践していくことではないでしょうか。

17

道徳の伴わない知識は害あって益がない。

沢柳政太郎

さわやなぎ・まさたろう

1865～1927
教育家。自由主義教育運動家。著書に『沢柳政太郎全集』など。

道徳とルール

人は、そもそも、自分こそが大事な動物であることはまちがいありません。

そんな人の集まりである世の中は、それは、それは魑《ち》魅《み》魍魎《もうりょう》の世界のようです。

こうした人の集まりが、それでも、地獄《じごく》の様《さま》をなさないためには、道《どう》徳《とく》が絶対に必要です。

道徳を否定する人は、人間としての真心《まごころ》も思いやりも否定する人です。

道徳こそ、人が集団を、世の中を形成するための知恵です。

しかし、もちろん、この道徳は不変ではありません。刻一刻と変化しつづけるものです。それは、真摯《しんし》な人間たちの不断の問いかけがあるからです。

ルールは、道徳を基盤に、その一定の範囲における基準を示すことです。

「人はなぜ、他人の物を盗んではいけないのか、他人を傷つけてはいけないのか」などを明確に教えてくれるものです。

こうした道徳やルールを破る者を喝《かつ》さいする人は、ずるい人です。自分は、そうした道徳やルールに守られているくせに、それを破る人たちをほめたたえたり、支持したりして、心の広いところを見せようとする偽善者《ぎぜんしゃ》とでも言うしかありません。自ら、そのルールに挑戦すべきでしょう。

道徳とルールを大切にする人こそ、自分を大切にし、そして、他人への思いやりのある人です。

18

仰向けに寝た余は、天井を見つめながら、
世の人は皆自分より親切なものだと想った。
住みにくいとのみ観じた世界に
たちまち暖かな風が吹いた。

――夏目漱石

人間

人間ほどみにくいものはないのかもしれません。
戦争をします。
無益《むえき》な争いをしたりもします。
人を裏切ったり、だましたりする人もあります。
でも、私は人間から逃げたくありません。

なつめ・そうせき

1867～1916
小説家。著書に『我輩は猫である』『坊ちゃん』『こころ』など。

すべてを知っても。
そして、人間ほど美しくあれるものもないのかもしれないと思うときがあります。
それは、人を愛するときであり、人を思うときです。

19

この世の中には、
あきらめなくてはならないことなんて、
ひとつもない。

――城山三郎

しろやま・さぶろう

1927～2007
小説家。著書に『総会屋錦城』『落日燃ゆ』『雄気堂々』『勇者は語らず』など。

もっと思う

もっともっと思いたい。
思いを強くしたいのです。
好きな人のこと、そしてまわりのみんなのこと。
もちろん自分のことも。
自分の好きな人をいつもイメージしているのです。

夜、眠るとき、そして朝、起きるとき、思うのです。好きな人のことを、自分のやりたいことを、願っていることを。

散歩しているとき、ベンチに座っているとき、グラスを傾《かたむ》けているときも、感じるのです。思うのです。

人の思いはつながっていることがよくわかります。

自分は、いろんな人とつながっています。

天国にいる母。

友人たち。

人はイメージできる動物です。

自分をちゃんと見ていてくれる人に感謝しよう。素敵な人たちの力を借りて、また、大きく、深く、そして強く生きてゆこう。

そのためには、もっともっと、人のことを思わなければ。

自分のことを思わなければ。その思いは、よい思い、前向きのプラスの思い。みんな、プラスの思い。

ちょっとくらい落ち込んだっていい。

ちょっとくらいつまずいたっていい。

必ず、立ち直れます。

だって、自分ひとりじゃないのだから。

第3章

恋愛

いい男、いい女になるには、
一つにはよい言葉を使うか否かによる。

——ハイブロー武蔵

01

君に逢いたくなったら……
その日までガンバル自分でいたい

――坂井泉水

さかい・いずみ

1967～2007
ミュージシャン（ZARD)。代表曲『揺れる想い』『Promised you』など多数。

恋愛

人が動物だとして、それと区別されるのは、二本足で歩くことと、頭脳を使うことと言われていますが、もうひとつ、人は恋愛という世界を持っているということができると思います。

人が文化を築き、独自の世界を切り開いたのは、たしかに二本足と頭脳を使ってですが、それを最も顕著にすすめたのが、この恋愛ではないでしょうか。

恋愛は、人たるものが有するエネルギー源であり、文化の推進物です。

男と女の恋・思い・交わり、慈しみあい、そうしたものが、私たちの人生を輝かせ、ひと味もふた味も変化させ、豊かにしてくれるのです。

恋愛は、大切です。

宝です。

避けることも恐がることも必要ありません。

わくわくと、人として十分に味わいたいものです。

時として傷つくことも、苦しむことも、だから、当然なんです。

それだけのものが、恋愛だからです。

そこからまたひとつ、成長していくのです。

それが、人間そのものだからです。

02

あなたが生命を得たいなら、あるいは、
友を得たいなら、愛を得たいなら、
まず、あなた自身がそれを与えなければならない。
なぜなら、人は自分が他の人々に
与えたもののみを得るからである。

――エドガー・ケイシー

Edgar Cayce

1877～1945
アメリカの予言者。関連書籍に『眠れる予言者エドガー・ケイシー』『永遠のエドガー・ケイシー』など。

愛は惜しみなく与う

人を愛することで、人は初めて人間として幸せになれます。

たくさんの財宝、たくさんの土地、そんなものを持っていたって、愛する人がいない人は、まだ幸せとは言えません。

なんのために生きているの？

ダイヤモンドのため？

預けているお金のため？

社会の地位？

よくよくつきつめていくと、案外つまらないものです。

お金や生活も大事だ、けれども、もっと大事なものがあるのです。

ひとつは、人を愛せること。

愛せる人、好きな人がいること。

だから、愛するというのは、まずはほとんど自分の幸せのためなのです。自分が、それで、幸せになれる、幸せに生きていけるきっかけがつくれるからです。だから愛は惜しみなく与えたいのです。

ただ、見返りを求めてはいけないと思います。見返りばかり求める愛とはちがうものではないでしょうか。見返りを求める愛は、お金そのもの、地位そのものを求めるようなもの。それは難しい愛です。

見返りを求めず、自分の愛する人のために、愛を与えられる人にして、いつか相手の本当の愛が受けられるものなのではないでしょうか。

本当の愛。

好きな人をどこまでも、どこまでも愛する。

すると、きっと、よい愛、本物の愛が返ってきます。

まずは愛を、思いを惜しみなくいっぱい与えよう。いっぱい、いっぱい好きになろう。

03

恋という狂気こそは、まさにこよなき幸いのために神から授けられる。

――プラトン

人を好きになるということ

人を好きになるということは、人生に意欲することです。
前を向こうとしていることです。
人を好きになれば、人は輝きます。
心はハツラツと、細胞は一つひとつがフツフツとし、見るからに生き生きとします。

Platon

B.C.427～B.C.347
古代ギリシアの哲学者。著書に『ソクラテスの弁明』『饗宴』など。

だから、好きな人をつくりたいと思うのです。

少なくてもいい。

ひとりでもいい。

人を好きになるいうことは、自分の欲、自分のため、自分の独占欲からはじまるのはまちがいありません。

そのことは、知っておいたほうがよいかもしれません。

しかし、この自分の欲のあらわれが、自分を伸ばし、成長させてくれるのです。これも真実です。

欲のない人は、相手も刺激となりません。

好きになるということは、相手の心の中にも、必ず、プラスのなんらかの力をもたらしてくれるのです。

つまり、人を好きになるということが、自分やまわりの人たちの人生を元気に、活気づかせ、人を成長させ、文化、文明を発展させる力となる、ということです。

すべては愛から生まれるのです。

人を思うことからはじまるのです。

人を好きになろう。

人を大切に思おう。

すると、自分はさらに、素敵になっていく。輝いていく。

04

人は夜眠る時、愛する人の上を思います。
目ざめた瞬間やはりその人のことをまず思います。
それが恋というものでしょう。
愛でも恋でもいい。
自分以上に心にかかる人がいるということ、
それが生きる喜びです。

――瀬戸内寂聴

せとうち・じゃくちょう

1922～
小説家。天台宗の尼僧。著書に『いのちの対話』『生きることば　あなたへ』など。

あなたといるとどうして明るくなれるのだろう

人は不思議です。
あなたといると、どうしてこんなに元気になれるのかと思う人がいます。
あなたと会うと、きっと明日は、大丈夫と思えてくる人がいます。
だから、私は、あなたと会いたいのです。

人はひとりで生きられないというけれど、私は、ほんとうにそう思うのです。

私は、あなたがこの世にいてくれて、よかったと思うのです。

こんな、弱くて、意気地《いくじ》のない私でも、きっと明日にはなにかいいことがあって、私にも、なにかできそうに思えてくるのです。

今までの不安も、あなたといると、忘れてしまえます。

今日も、またあなたに会えます。

たとえ会えなくても、あなたを思えます。

だから、明日、きっとまた私はよくなっています。

05

重要なのは、自分が大切に思っている人に認められることです。世の中の人すべてが自分を認めてくれず、仲間はずれにされるようなことがあっても、ほんのわずかでも、一人でも、自分を認めてくれる大切な人がいれば、心の支え、生きる糧になるのです。

――鷲田小彌太

わしだ・こやた

1942〜
哲学者・思想家。著書に『大学教授になる方法』『自分で考える技術』など。

あなたといると自分も好きになれる。自信が湧いてくる

あなたは、私を、認めてくれます。
だれよりも、そして私よりも私のことを認めてくれます。
そんな幸せってあるのでしょうか。
だから、あなたといると、私は、さらに自分が好きになれるんです。

自分を、どうしても、好きになれなかったりすることがあります。

もてあますことがあります。

自分との折り合いがつけられないことがある。

私は英雄でもヒロイン、お姫さまでもないかもしれないけど、でも大好きで、素敵なあなたがいてくれるから、だんだん、そうなれるように思えてきます。いや、そうなれなくてもいいけど、幸せに生きていけそうです。

だって、あなたが私を見てくれているから、あなたが、生きていてくれるから。

私も、自分を、少しずつ好きになれたし、自分をだんだん信じていけると思うのです。

06

顔や体がきれいなのはすてきなことだ。けれども、彼にとってほんとうに重要なのは、むしろ人生を生きてきたことからくる知性や情熱、繊細な心の動きに感動したり感動させたりできる能力だった。

――ロバート・ジェームス・ウォラー

あなたと私

あなたと私。
本が好き。
読書が生きがいです。
生きがいはあなたと読書です。
本を読むことは、あなたを感じることです。

Robert James Waller

1939～
アメリカの小説家・写真家・音楽家。著書に『マディソン郡の橋』など。

あなたを感じながら読む本はこの世のよろこびです。
あなたが、本を好きでよかった。
私は、生まれたときから本が好きでした。
それは、きっとあなたに会うためだったのです。
神様がそうしてくれた。

だって、そうとしか思えないのです。
私が本を好きなのは、奇跡としか言いようがないことだから。

07

性欲は食欲同様に、人間にとって欠くべからざる生活の原動力であり、愉楽である。この二つを軽蔑するものは人間の屑である。動物的に、この味覚をむさぼり、味覚には鈍感で、ただもう空腹をみたせばよいというのも、また人間の屑なのだ。

――池波正太郎

いけなみ・しょうたろう

1923～1990
小説家。著書に『男の作法』『鬼平犯科帳』など。

男と女とセックスと

男と女とはオスとメスとはちがいます。
どこが?
オスとメスは、セックスでつながっているのみです。
セックスは、大切なものです。
とっても。

人のエネルギーです。
人間の動物としての本能のひとつです。
しかし、人間が、オスとメスから、男と女に高まるものは、もっと大切と言えます。
すぐさめる恋。すぐさめる友情。
それは、動物の本能のままなのです。
必要としなくなれば、離れることになります。
人間の本質は心です。精神です。意識です。
だから、本当に好きな人は、ずっと好きになれるのです。

セックスは、男と女の恋愛に、神様がくれたプレゼントです。
素敵な贈り物です。
基本は、気持ちなのです。
愛する気持ち。大切に思う気持ち。
セックスのない愛だってあります。
愛のないセックスもあります。
恋愛の基本は気持ち。
熱い気持ち。
思いやりの気持ち。

愛のないセックスだけを追いかける人は、かわいそうです。

セックスのない恋愛も淋しいときもあるけれど、愛のないセックスのみの人は、ほんとうの男と女を知らずに生きていくことになるのです。

男と女の関係はあきることはありません。

大切な人はいつまでも大切なのです。

セックスがなくてもすばらしい。

セックスがあれば、なおすばらしいかもしれない。


だからいつまでも、私は、あなたが好きと言えるのです。

08

恋が生まれるには、ほんの少しの希望さえあればよい。

――スタンダール

Stendal

1783～1842
フランスの小説家。著書に『赤と黒』『恋愛論』『パルムの僧院』など。

錯覚

男と女の恋愛って、まずは、錯覚なのかもしれません。
でも、これは、神様のくれたごほうびのひとつです。
偉大なる錯覚、宝物のように光り輝く錯覚が、恋や愛なんでしょう。
でも、この錯覚は、誤解とはちがいます。
いつかは、真実となっていくものなんです。

09

英雄だから恋をしたのではない。
恋をしたから英雄になったのだ。
恋をしたからこそ英雄になったのだ。

――加藤諦三

かとう・たいぞう
1938～
社会心理学者。著書に『アメリカインディアンの教え』『悩みの遺伝子』など。

好きな人と少し離れること

好きな人と少し離れてみると気づくことがたくさんあります。いかに、私が、その人を必要としているのか。

その人は、私にとって、いかに生きがいの人か。

それは、恋人、友人、親、すべてにおいてそう言えます。

だから、好きな人と少し離れることは、それは、もっとその人のことを思える機会をつくってもらえたということなのです。

自分が好きな人を、いかに大切に思えるか、もっと思える、もっと好きになれるチャンスです。

好きな人、大切な人たちと、いつもいつもそばにいることもいい。離れることは、ちょっとつらい。

しかし、それは、自分の気持ちを知り、もっと、相手を思うためのときなのです。

自分をもっと高めるため、自分の精神を鍛《きた》えるため、自分の心を熱くするためです。

では、「少しだけ」が、「とても遠く」に離れたときはどうでしょうか。

これは、やはりつらいことですが、その分さらに、思う気持ちをパワーアップしなくてはいけません。そして、手紙は不可欠《ふかけつ》です。

毎日でもいいから、手紙を書こう。

朝起きてすぐに、そして寝る前に強く思おう。イメージしよう。

必ず、思いが通じていきます。つながっていくのです。

だって人間の本質は意識なのですから。

10

恋愛の徴候《ちょうこう》の一つは、
彼女は過去に何人の男を愛したか、
あるいはどういう男を愛したかを考え、
その架空の何人かに
漠然《ばくぜん》とした嫉妬《しっと》を感ずることである。

――芥川龍之介

あくたがわ・りゅうのすけ

1892〜1927
小説家。著書に『羅生門』『蜘蛛の糸』『地獄変』など。

疑う心

好きな人、愛する人を信じることが大望ではないでしょうか。

あれこれ、疑うのはやめたい。

疑うのは、その人のことを好きだから、ということはあります。しかし、度が過ぎるとせっかくのよい関係が、つまらないことで壊れることがあります。

気持ちは伝わるのですから。
信じて、認めてあげたい。
そうすれば、そういう人になります。
私も、そういう人になりたいと思います。
愛して、思って、信じよう。

11

愛し方は変化して行っても互《たがい》に愛し合う気持は変らない。

――志賀直哉

しが・なおや

1883～1971
小説家。著書に『城の崎にて』『暗夜行路』『小僧の神様』など。

会うたびに

会うたびに、あなたは素敵になります。
会うたびに。
会うたびに。
どんどん好きになっていくのです。
あきてしまうって言葉は忘れてしまいました。

毎日、うれしくなります。
会うたびに私も素敵になっているでしょうか?
必ず、必ず、そうなっていきます。

12

何がタカラといって、こっちが（何という、いい人間だろう）と思うような男、あるいは、女の、その心をもらうほどのタカラがあろうか。心をもらうというのは、親しくなる、愛を分けてもらう、気持が通じ合う、といった、要するに、心と心が結ばれ合う関係になることです。

――田辺聖子

たなべ・せいこ

1928～
小説家。著書に『感傷旅行』『苦味（ビター）を少々』など。

宝物

あなたと私の宝物。
これまでの会話。
愛の言葉。
手紙。
カード。

秘密。
ふたりで観た映画。
もらった本、あげた本。
ふたりの出会い。
ふたりの願い。
ふたりの心。
それぞれの思い。

13

人生はチャンスだ。結婚もチャンスだ。恋愛もチャンスだ。としたり顔して教える苦労人が多いけれども、私はそうではないと思う。私は別段、れいの唯物論的弁証法《ゆいぶつろんてきべんしょうほう》にこびるわけではないが、少なくとも恋愛はチャンスでないと思う。私はそれを意志だと思う。

――太宰治

だざい・おさむ

1909～1948
小説家。著書に『斜陽』『人間失格』『走れメロス』など。

おいしい食事

好きな人と食べる食事がおいしいのはなぜでしょう。
食べものって不思議。
いくら素材がよくても会話がつまらないと、そう、おいしくありません。
好きな人といっしょだと、さらに、さらにおいしくなります。

やっぱりお酒もあったほうがいい。

そのときの気分とか料理とかに合わせて、なにを飲もうかなんて考えるのは最高の気分です。

お酒も、好きな人がいっしょにいるとどうしてこんなにおいしいのでしょう。

人間って、やっぱり心だなと思います。

気持ちだなと思います。

14

知と愛とは同一の精神作用である。
それで物を知るにはこれを愛せねばならず、
物を愛するのはこれを知らねばならぬ。

――西田幾多郎

にしだ・きたろう

1870～1945
哲学者。著書に『思索と体験』『善の研究』『思想と体験』など。

あなたの好きなところ

私の話を聞いてくれるから好きです。
ときどき笑ってくれる。
かわいい笑顔。
姿勢がいい。
偉ぶらない。

あんまり自慢しない。
ちょっとはエッチ。
恥ずかしがるところ。
シャイなところ。
声。
本が好きなところ。
音楽の趣味が合う。
映画の趣味。
スポーツ。
服のセンス。
人の悪口が少ない。
一生けんめいさ。
仕事の手抜きをしないところ。
驚かせようと思うと驚いてくれるところ。
友だちを選んでいるところ。
たぶん、私を好きでいてくれるところ？
あなたの好きなところが多すぎて、数え切れません。

15

心の奥底にたっしてあらゆる病を癒せる音楽、それは温かい言葉だ。

——エマーソン

私の好きなこと

私の好きなことを、こっそりあなたに教えます。
シエスタ（お昼寝）。
朝昇る太陽と海に沈む夕陽を見ること。
本を読むこと。本屋さんをのぞくこと。
手紙を書くこと。特にあなたに。

Ralph Waldo Emerson

1803～1882
アメリカの詩人・思想家。著書に『自然について』『精神について』など。

くだものやさんと八百屋さんをのぞくこと。そして買い物をすること。
草花に水をあげること。
ボーッと考えごとをすること。
あなたを思うこと。
新しいボタンダウンシャツを着ること。
あなたに電話すること。もちろん、会って話をすること。
散歩。
あなたのあたたかい言葉。
希望の星をながめること。想像（イメージ）して。
昼間の公園のシャンパン。
おいしいチーズ。
南の島で飲むビール。
やしの実のジュース（フレッシュ）。
タロイモのアイスクリーム。
若草のにおい。
青いみかんのにおい。
どんぐり拾い。
犬といっしょに散歩すること。猫ちゃんをながめること。
そしてあなたと食事する時間が好きです。

16

愛に悩むことのない存在は、もはや人間とはいえないのかもしれない。

――三浦朱門

みうら・しゅもん

1926～
小説家。著書に『武蔵野ものがたり』『天皇』『人生の終わり方』など。

一方的な恋（片思い）

恋愛とは、ふつう一対一の男女によって成立するものです。
しかし、今では、同性愛も社会的な存在を認知されつつあります。
そして、一方的な恋愛というのもあります。
片思いと言われるものです。
これも、私は、大切な恋愛であると思うのです。

ある面では、自分の心の活性を、そして、心の高まりを、大きな落胆《らくたん》を受けずにまっとうできる点で、貴重であるとも言えるでしょう。

知らないほうがよいことだって、人間にはあります。

実際は、思っているほどの人ではないかもしれませんし、人間ですから欠点も多くあるでしょう。

その面を見ないですますことも、長い人生の中では、ぜひあったほうが自分の宝物にはなるのではないかとも思うのです。

そして、いつの日か、片思いの相手は、自分から離れてはいきますが、自分の心の中だけのその恋人はいつまでも残るのです。

素敵なままです。

自分も、その理想の相手にふさわしい人をめざそうと思う、それは価値あることなのではないでしょうか。

17

きみはダンデライオン（遅咲きのタンポポ）
傷ついた日々は　彼に出逢うための
そうよ　運命が用意してくれた
大切なレッスン
今素敵なレディになる。

――松任谷由実

まつとうや・ゆみ

1954～

ミュージシャン。代表作に『ルージュの伝言』『守ってあげたい』など。

失恋

失恋はつらいものですが、人間の持っているものの中で、やはり大きな意義があるものです。

なによりも、この世は自分ひとりではなく、また、別れた、あるいはふられた相手だけではないことをきちんと教えてくれるものです。

人の喜びと悲しみと、つらさを教えてくれるものです。

そこで大切なのは、じっと自分を見つめることです。

ほとんどの場合、自分に本当にふさわしい人ではないと心の奥の本当の自分が知っているものです。

つらさの中にホッとする面もある。

すでに、次に向けての旅立ちをしようとしている自分があるのです。


失恋も人生です。

もっと素敵なあなたをつくろうという、しくみのひとつです。

そして、もっとあなたにふさわしい人が待っているのです。

あとは、あなたのこれからの心のあり方と生き方次第なのです。

18

女は俺の成熟する場所だった。書物に傍点をほどこしてはこの世を理解して行こうとした俺の小癪《こしゃく》な夢を一挙に破ってくれた。

――小林秀雄

こばやし・ひでお

1902～1983
評論家。著書に『モオツァルト・無常という事』『本居宣長』など。

別れと出会い

人生はどんな人と出会うかによって決まります。

ただ、ほとんどは、自分が心の奥で呼び込んだ人と出会うとも言えそうです。

だから、自分を大事に育てているかどうかが、どんな人に出会うかの最大のポイントなのではないでしょうか。

人との別れもあります。

それは、つらいことでもありますが、新しい出会いのためでもあります。

別れた人は、別れたままでなく、心のどこかにきちんと、影を残しています。

どうせなら、そこからも学びたいのです。自分の過去も、自分が引きよせ、そして、離したという歴史です。自分自身です。

そして、新しい自分をつくり、さらによい人と出会っていき、人生を切り開いていくための出発点なのです。

出会いと別れ、別れと出会いで、私はより私らしくなっていくのでしょう。

19

人生最高の幸福は、愛せられているという確信にある。

――ビクトル・ユゴー

愛される、好きになる

愛する。
愛される。
自分の愛する人たち、自分が大切に思う人たち。
そして、まわりの生きとし生けるもの。
その中にいて、私は、今、生きている。

Victor-Marie Hugo

1802～1885
フランスの小説家。著書に『レ・ミゼラブル』『ノートル＝ダム・ド・パリ』など。

生きているって？

生きているって、私が自分を愛し、そして人を愛し、愛される私がいるということです。

生きているって、今の私の場所で、私が輝いて、光を発して見つめてもらって、そして、見つめ返していることです。

これまで私は、愛される人になろうといつもがんばってきました。

でも、今は、そうムリすることはない、とわかりました。

自分は、できる範囲で、自分にふさわしい範囲で、成長していくのです。

生きていくのです。

こんな自分でも、愛してくれる人がいるのです。

人生は、愛し、愛されることです。

人を思うこと、いっぱい、いっぱい思うことです。

そしてやっぱり、愛されることです。

20

愛とは他人と一緒にうまくやっていく鍵です。
愛とは理解であり、善意であり、
他人の神性に対する理解です。

――ジョセフ・マーフィー

生きていてよかった

私はつくづく、生きていてよかったと思います。
だって、あなたを知ったからです。
そして、あなたと同じ時代を生きていられたからです。
人は、なんのために生まれるのでしょう。
それは、自分とふさわしい人に出会うためです。

Joseph Murphy

1898～1981
アメリカの教育家。著書に『眠りながら成功する』『マーフィー100の成功法則』など。

それは、大好きな人たちと、同じ空気を吸い、同じ国、同じ土地で出会うためです。
魂が、心が、呼びあい、出会いがある。
私は、あなたと会うために生まれてきました。
私はあなたとこうして、いっしょに生きていられます。
私とあなたが出会えてよかった。
私は、お父さんの子でよかった。
私はお母さんの子でよかった。
私はあなたの父でよかった。
私はあなたの母でよかった。
私はあなたの兄でよかった。
私はあなたの姉でよかった。
私はあなたの妹でよかった。
私はあなたの弟でよかった。
私はあなたの友だちでよかった。
私はあなたを愛せてよかった。
私はあなたに愛されて最高だった。
私は生まれてきて、本当によかった。
心から、そう思います

21

あなたを愛するのは簡単なこと
それはあなたがビューティフルだから
あなたと愛し合うことが私のしたいことのすべて
あなたを愛するのは
夢が現実になることよりも素敵
私の行動のすべてはあなたを愛し抜くこと

――ミニー・リパートン

私はあなたを生きていく

ラビン・ユー（LOVEIN' YOU）。
生きるとは、あなたを愛することです。
私の人生はあなたと歩むことです。
私の夢の実現に向かって、私は生きています。

Minnie Riperton

1947～1979
アメリカの歌手。ソウルフルなハイトーンで70年代のアメリカ音楽に影響を与えた。

その夢は、あなたと生きること。
あなたを愛しつづけること。
思いつづけること。
あなたを感じて生きていくこと。
私はあなたが好きです。
あなたの生き方が好きです。
あなたの思いが好きです。
あなたのやさしさと強さと、そして弱さも好きです。
そんなあなたを見ていながら、ずっと見ていながら、人生を過ごしていける。

私は幸せ。
だって、私は、あなたを生きていくんですから。

第4章

仕事・家族

人生は人との出会い、本との出会いで決まる。

――ハイブロー武蔵

01

幸福なのは自分の仕事を見つけた人である。

――トーマス・カーライル

Thomas Carlyle

1795～1881
イギリスの思想家。著書に『衣服哲学』『英雄崇拝論』など。

仕事

仕事は単に食べていくためだけのものではありません。
自分の全人格をかけた崇高《すうこう》なる人間の行為ということができます。
人は、単にパンにのみ、ごはんのためにのみ、生きているのではないのです。
いかに生きていくのか、自分の価値を高めていくのかに直結するものです。

いいかげんな生き方をする人は、仕事もいいかげんです。

しっかりと生きていきたい、自分を成長させたいという人は、真剣に仕事と取り組みます。

仕事を通して、人は、自分を鍛え、人間関係を学び、成長していくものです。

02

**どんな仕事に就かされても、
どんな土地へ行っても、
必ずその行先には勉強することがあるはず。
また、その行先にかかわらず、
勉強しつづけることも多いはずである。**

——城山三郎

しろやま・さぶろう

1927～2007
小説家。著書に『総会屋錦城』『落日燃ゆ』『雄気堂々』『勇者は語らず』など。

人は仕事でわかることがある

その人がどんな生き方をする人なのか、どのくらいまわりの人を思い自分を律することのできる人なのかは、その仕事を見ればほぼわかります。

特に仲間は、すぐ見抜きます。

口でどんなにうまいことを言ってもだめです。

どれだけ生まじめに、真剣に、そして全力を尽くしているのかで、その人の現在と未来がわかります。

もちろん、どんな生き方をしてきたのかもわかります。

まずは、今の仕事にどれだけ気持ちを入れて、がんばれるかです。

そこで自分が納得できれば、あなたは変われます。

どんどん、成長していきます。

03

僕の作品はすべて願望だ。
作品の多くを通して、僕はこれまで
自分が味わえていたらよかったと思うような
家庭の温かさを描いてきたことに気がついた。

——スティーブン・スピルバーグ

Steven Spielberg

1947〜

アメリカの映画監督。代表作に『プライベート・ライアン』など。

家族

家族は、自分の根本です。

家族の中で生まれ育ち、今の自分を築いてきた私たちは、また家族を形成し育んでいきます。

自分を大切にする人は家族も大切にします。

ただ、結婚については、今の時代は、絶対に必要というわけではありません。

しかし、その場合でも、親や兄弟、その他血縁関係にある人たちとのつきあい、関係は続きます。

昔ほど家族や血縁を強く意識する時代ではなくなってはいますが、かといって、いいかげんにすべきものではないと思います。

仕事も、人間関係も、自分の家族、家庭との関係をいいかげんにしては、うまくいくとは思えません。

自分を大切にしていくためにも、思いやりある、愛情ある生き方をしていこうと思います。

04

幸吉は父母上様の側で暮《くら》しとうございました。

——円谷幸吉

つぶらや・こうきち

1940～1968
マラソン選手。東京オリンピック銅メダリスト。

家族思い

家族を思う人はよい人です。
それはまちがいありません。
人生でいちばん大切なことは自分を生かしていくことです。
そのためには家族も重要な存在となるからです。がんばる要素となります。

一方、家族だけに逃げる人というのもいます。こういう人は、結局、家族をもだめにしかねません。家族を守ることもできないことがあるからです。

私は家族を思う人、そして仕事にけんめいに取り組む人が好きです。ときに家族と会う時間が減ってもやるべきときはやりたいものです。

結局、それが双方をよくしていく生き方のように思うのです。

05

指導者に必要な三つの要素
1 力量、才能、器量
2 運、好運
3 時代の要求に合致すること。

――マキャベリ

Niccoolo Machiavelli

1469～1527
ルネサンス期のイタリアの政治思想家。著書に『君主論』『ローマ史論』など。

リーダー

リーダーは、自分の所属する集団をある方向に導き、その結果に責任を持つ人のことを言います。

まわりの人たちに目標を与える人です。

夢も与えてくれる人がいいです。

リーダーは、つらいものです。

自分に厳しくなくては務まりません。
しかし、成果《せいか》が出たときの喜びはまた格別《かくべつ》なものがあります。
常に自分を高め、人に気くばりし、勉強を続ける人。
それがリーダーです。

06

幸運も常に勤勉な人間の肩を持つのである。

――サミュエル・スマイルズ

Sammuel Smiles

1812～1904
スコットランドのエッセイスト。著書に『西国立志編』『自助論』など。

評価

評価は気になるものです。

自分の励みになるのは、他人の評価です。

評価をもらえないということは、落胆《らくたん》となります。

ただし、大切なことは、評価はむずかしいということです。絶対の基準というのもないのです。

いちいち気にしないことも、大変むずかしいことですが、必要な心の訓練です。

くさらないこと。

投げないこと、です。

見る人が代われば、変わります。

もちろん、その人がしっかりと、自分に納得いかせるように仕事をしているかぎりです。

プロ野球でも監督が代わればレギュラー選手は代わります。

チャンスを待つのです。

強い意志を持って。

自分を励まして。

人生には、チャンスが必要ですが、それは自分の意志、気力で呼び込むものでもあるのです。


あなたを見ています。

天と、私と、そしてあなたをこれから理解する人が。

07

世間は、自分の進む道を知っている者には、誰にでも道を譲ってくれる。

――デーヴィッド・スター・ジョーダン

David Starr Jordan

1851～1931
アメリカの科学者・教育家。スタンフォード大学初代学長。

役割分担

人間は役割分担です。
特に仕事はそうです。
家族もそうなのかもしれません。
ホンダの創業者本田宗一郎と藤沢武夫の関係もよく引き合いに出されます。

理想の女房役としての藤沢武夫と言われました。

しかし、これは相対で、人によって、組み合わせによって変わります。井深大と盛田昭夫、松下幸之助と井植歳男、それぞれちがいます。

役割分担をうまくこなすことができるのも人間的に高まっていないとできないことです。

人をたてなくてはならなかったり、危機に先頭に立つことなど、臨機応変にです。

これは、力と気か、人間性の求められるところです。

組織がうまくいくのは、役割分担の妙《みょう》です。まわりの人たちの力があっての、強い組織です。もちろんトップに立つ人の力量はかなり問われます。

全知全能をかけての戦い、人生となります。

自分を鍛え、律し、報われることが少なくとも、がんばり抜く気概が求められます。

それが役割分担なのですから。

08

人の価値は、不運の時、へこたれないかどうかである。

――プルターク

Plutarchos

46ごろ～120ごろ
古代ギリシアの著述家。著書に『プルターク英雄伝』『「倫理論集」の話』など。

悲しみも、苦しみも、そして孤独も

悲しみも、苦しみも、そして孤独も、それらは人をして愛ある人にしてくれるためにあります。

愛とは、自分の弱さ、悲しさ、孤独を知る人が、他人のそれをわかってあげることです。

わかってあげたいと思うことです。

いっしょに感じあいたい、と思うことです。
悲しみ、苦しみ、孤独を知らない人は、本当の愛を知らないと言えると思います。
深い、深い、慈しみあう愛、本当の愛は、それを知る人こそわかるのでしょう。
だから、悲しみ、苦しみ、孤独を恐れないようにしたい。
愛ある人がいいと思うからです。
そして、ほんとうの強い人になっていきたいからです。

09

だれだって、どんな女だって、人目をひくことができるのだ。緊張感をぎりぎりまで高めることによって。神経をすみずみにまでこまかくくばることによって。

——森瑶子

もり・ようこ

1940〜1993
小説家。著書に『ファミリー・レポート』『女ざかり』『別れの予感』など。

ほどよい緊張感

気分が乗っているとき、なにかつかめそうなとき。うん、いいぞ、この調子と感じだしたとき。見つめてもらえるとき、注目されたとき、恋をしているとき、ほどよい緊張感があるものです。

仕事にやりがいが感じられるときもそうです。

そんなときは、きっとキラキラとどこか輝いているはずです。

目も生き生きと、声も活力があって、心にも勇気が増えてきて、あいさつも気持ちよくできる。

スランプは、ぐっとがまんして、機《き》を待つとき。

そして、ここというときには、自分をよい緊張モードに入れるのです。

恋がはじまるかもしれません。

いい人と出会えるようです。

ちがった私が待っているようです。

さらに実力が伸びていきそうです。

人は、時にほどよい緊張感を持って成長していくべきもののようです。

10

会社一筋で幸せになれるわけがない。ビジネスマンよ、遊べ、愉しめ、自分をかわいがれ。

――日下公人

くさか・きみんど

1930～
エコノミスト。著書に『人事破壊』『学校で教えないお金の本。』など。

休日

ある人は言う。

単調な音楽がつまらないように、だらだらで、リズムも盛り上がりもけじめもない文章がつまらないように、自分なりにきちんと休暇をとって、人生にリズムをつけない人は、つまらないって。

休んでばかりの人もいて、これはもっといけないけど、休日は、やっぱり必要なのです。
いつもとちがう自分を見せる。
だれに？
もちろん私自身に。

ほっとする日。
心広がる日。
人をもっと好きになろうと思う日。
そして、自分を心から好きになれる日。

11

人は恐ろしい危険が迫っている時、決して、それに背を向けたり、逃げようとしてはいけない。逃げると危険は倍増する。しかし、あなたが、迅速にそしてひるむことなく、危機に立ち向かえば、危険は半分になっていくだろう。決して逃げてはいけない。決して！。

――ウィンストン・チャーチル

危機を笑え

絶体絶命のピンチを抜け出すコツ。
それは、ジョークで笑いとばすことです。
とことん笑顔です。
この状況はジョークになる、笑えるって思ってしまうのです。
すると不思議です。

Wingston S. Churchill

1874～1965
イギリスの政治家。著書に『第二次世界大戦』など。

なんとかなるような気分がはじまりだします。

レーガン元アメリカ大統領が何者かに狙撃《そげき》されたあと、命を賭《か》けた大手術に向かう移動寝台の上で、医師に向かってジョークを飛ばしました。

「君はまさか民主党員じゃないだろうね」

ある人が病院のミスからはじまる大手術に入る前に医師に言いました。

「できるだけ早くビールが飲めるようにしてくださいね」

ニコッとする医師。

七時間後、手術が終わったとき、麻酔が覚めて、医師に向かってこう言いました。

「焼鳥屋でビール飲んでる場面が、夢の中で出てきました」

手術ももちろん成功。

ある小さな会社の社長さん。

不意の倒産の危機に

「やっと、ヒーローになれるチャンスが来た」

「危機のない人生は、恋人のいない人生、クリープを入れないコーヒーだ」

「素敵な恋がはじまる予感」

「初めて小説家になれるチャンスがやってきた」

「神様は本当に長期休暇をとらせてくれるだろうか」

危機は笑って耐えろということでしょう。
絶対あきらめるなってことを教えるためでしょう。
新しい朝日がまた昇るために。

「明日が大嵐だったら？」
「そうこなくっちゃ、人生は！」

12

しかし男女を通じて
絶対に矯正《きょうせい》できない悪徳がある。
それは吝嗇《りんしょく》と臆病《おくびょう》である。

谷沢永一

たにざわ・えいいち

1929～

評論家。著書に『人間通』『司馬遼太郎の贈り物』など。

ケチと質素

ケチと質素はちがいます。

質素は、ぎりぎりに自分を問い、ムダを省き、有効なものに金銭と時間をつかおうというものです。ケチは自己保身のみです。

他人への思いやりや、自己を律しよう、高めようということのかけらもないことです。質素は美徳になりますが、ケチは悪徳です。

13

悪口を淡泊《たんぱく》に発する臨機応変《りんきおうへん》によって人は信用を得るのである。

――谷沢永一

たにざわ・えいいち

1929〜
評論家。著書に『人間通』『司馬遼太郎の贈り物』など。

悪口

人間は、自分こそ大切だし、いちばんだし、価値があるから、他人の悪口を言うのは自然なことです。

一方、世間は、そういう人間の集まりであるから、思う存分、思ったとおりの悪口を皆が言うと、まとまりを欠くことになります。

ケンカや闘争《とうそう》ばかりになってしまいかねません。

また、自分のまわりだけに限ってみても、悪口ばかりの人は、まわりの人たちの向上心ややさしさ、明るい面を奪い取ってしまう人で、困り者になってしまいます。

だから、私は「悪口はほどほどに言う、しかも明るく言う」というのがよいと思うのです。

悪口を言わない人も信用できないし、かといって暗い悪口、ひどすぎる悪口は、世の中をダメにするからです。

人間関係を壊すからです。

心がけは、明るい悪口をさらっとした顔で言う、というようにしたいものです。

14

大きな悲しみには勇気をもって立ち向かい、小さな悲しみには忍耐をもって立ち向かえ。一日の仕事を終えたら安らかに眠れ。あとは神が守ってくださる。

――ビクトル・ユゴー

Victor-Marie Hugo

1802～1885
フランスの小説家。著書に『レ・ミゼラブル』『ノートル＝ダム・ド・パリ』など。

いじめ

いじめというのはなくなると思わないほうがいいかもしれません。いじめをなくそうという運動をしているテレビ、新聞のマスコミでさえ、意図的でないにしても、結果的にいじめをやっているもののようですから。

大切なのは、自分を信じきる力を持つことです。

気概《きがい》と言ってもいいかもしれません。

甘えず、自分にムチを入れるのです。

逃げるのではなく、奮《ふる》い起こすために。

いじめている人は、ほんとうに弱い人です。

あなたや私よりも弱い人たちです。

自分ひとりでなにもできずに、まわりの空気、まわりのムードのみに気を使い、乗り遅れている人を見てほっとしていじめるのです。

一人ひとりは善人かもしれないのです。

弱い人たちだけど善人の人たちなのです。

これに対抗するには、いじめる人に対してほんとうに善人なのかをつきつけることです。

体をはってです。

自分自身を追い込むのではなく、いじめる奴を追い込みわかってもらうのです。

あなたは何者なのですかって。

あなたの心はどこを向いているのですかって。

自分は宝です。

なにものにも、かえられないものです。

いじめなんかに敗《ま》けてたまるものですか。

15

人を不安にするのは事柄そのものではなく、むしろそれに関する人の意見である。

——カール・ヒルティ

恐れない

恐れは空想です。
案外、現実は起こってみればやり抜けないことはないものです。
だって、人間はそれでも生き抜いてきたではないですか。
つらいことも、困難も耐《た》え忍《しの》んできたではないですか。
私にできないことはないでしょう。

Carl Hilty

1833〜1909
スイスの法律家・哲学者・政治家。著書に『眠られぬ夜のために』『幸福論』など。

あなたにも。
恐れず、ひるまず、やれることをやりましょう。
自分を信じてです。

16

人間にも企業にも、試練に耐えるためにだけ生きている時期がある。

――城山三郎

しろやま・さぶろう

1927～2007
小説家。著書に『総会屋錦城』『落日燃ゆ』『雄気堂々』『勇者は語らず』など。

あきらめない、へこたれない

あきらめない。
私は絶対に、絶対にあきらめない。
あきらめたら終わるし、あきらめなかったら、またはじまるのです。
次のステップからはじまります。なにもかも。
恋も仕事も、人生も、絶対にあきらめません。

17

自分は美人と意識している女、自分を博識やと思っているることが目に表れている男を見るとがまんならなくなる。それらを一切捨ててしまっている時に、どういう美しさと純真さが表れているでしょう。そのことについて、彼らは気が付いていない。だから彼らは博識でない。

―― 開高健

かいこう・たけし

1930～1989
小説家。著書に『パニック・裸の王様』『日本三文オペラ』など。

謙虚な人

謙虚な人とは実力ある人のことです。力のない人、自分を律せられない人、うぬぼれでそのうちだめになる人は謙虚さがありません。世の中で、成長しつづける人の最大の条件が、この謙虚さです。常に忘れたくないことです。

18

「お早う」、「こんにちは」、「おおきに」が言えないような人間関係は、そもそも人間関係ではない。

――山本夏彦

やまもと・なつひこ

1915～
コラムニスト。著書に『何用あって月世界へ』『かいつまんで言う』など。

礼儀とあいさつ

礼儀は、人間が互いに生き抜くための智恵です。

いちいち傷つかず、他人とうまく仕事や生活を送っていくための、ありがたい潤滑油《じゅんかつゆ》であり、人間関係の必須の栄養素です。

あいさつも同じく、人類が幸福を追求しようという人の願いをスムーズにいかせるために考え出した道具です。

ありがたい道具です。
礼儀もあいさつもない人は、世の中への挑戦者なのでしょう。
そこまでの気迫《きはく》と根性があれば、ですが。
あるいは、甘ったれのいきついた極地です。
礼儀とあいさつは決しておろそかにしてはいけないものです。

どこまでも、気くばりです。

19

この道より我を生かす道なし、この道を歩く。

――武者小路実篤

むしゃのこうじ・さねあつ

1885～1976
小説家。著書に『お目出たき人』『友情；初恋』など。

自分を生かす

結局、人生は、自分をいかに生かすかではないでしょうか。なんとしても自分のよきところを伸ばし、ふんばって、よい仕事をして、よい人たちと出会い、助け、助けられて、より大きな成果を求めていくのです。自分にはこれがあるというものを見つけ、伸ばしていきたいのです。生かしていきたいのです。

第5章

夢・希望・未来

本を読むのだ、喜びと誇りと使命感をもって。
もっと本を読むのだ。
もっともっと本を読むのだ。
明日を信じて。自分を信じて、感謝を込めて。

——ハイブロー武蔵

01

人生というものは、たとえいかなる逆境、悲運に遭遇しても、希望さえ失わなければ、まったく消えてしまうものではない。

——市村清

希望

希望は、これからの自分を信じることです。
生きていくための必須の心の活力源です。
人は希望があるから、よく生きていけます。
どんなにつらいことがあっても。

いちむら・きよし
1900～1968
リコー・三愛グループ創業者。著書に『儲ける経営法　儲かる経営法』など。

失敗しても。
試練にあっても。
生きていけるのです。
希望こそ、決して、なくしてはならないものです。
希望、そして光り輝く希望の星を見失ってはいけないのです。

02

ときに何もかも忘れて夢を見ることは、子供よりも大人に必要だ。

――塩野七生

しおの・ななみ

1937～

小説家。著書に『ローマ人の物語』『マキャヴェッリ語録』など。

夢

人は夢がある限り、自分を信じていけます。

世の中を、世界を信じていけます。夢は、自分のありたい姿であり、自分の求めていこうとする目標です。ロマンです。

私には夢があります。あなたにも夢があります。

私とあなたで、もっと大きい夢をつくろう。

03

この世を動かす力は希望である。

――マルティン・ルター

Martin Luther

1483～1546
ドイツの宗教者。著書に『ルター著作集』『キリスト者の自由・聖書への序言』など。

希望の星

人生は、自分が思うようになっていく。
だから悲観《ひかん》はいりません。
だって、自分の思いがいいんですから。
どこまでも、明るい希望を、自分の夢を、明日を信じて。
私たちの頭上には希望の星が輝いています。

04

すぐれた人間には、かならず「立志」という精神のたくましさがあることだ。これは自分はこうなるといいなあ、くらいの漠然とした望みではなく、どうしてもそうなるのだ、と強烈に未来を描く意志の力を、かれらのすべてが例外なくもっていたということだ。

——宮城谷昌光

みやぎたに・まさみつ

1945～
小説家。著書に『夏姫春秋』『青雲はるかに』など。

希望の星の見つけ方

希望の星ってどうやって見つけるの?
それは、自分の心で描き出すんです。
どうやって?
心の奥と話しあって、見つめあって、感じあって、自分自身を大切に、
この人生の中で、生かし、生きたいって思っていれば、気づかぬうちに

あるときひょいと出ているんです。

ぽっかりと浮かんでいるんです。

なぜ、希望の星を創り出すの？

それは、自分の星を大事にするためです。

自分の人生のありようを、だんだん、自分が描く姿に近づけていくためです。地図のないところや、矢印のないところ、光のないところじゃ、目的地につかないから、希望の星の光がいるんです。

希望の星はなくなったりしないの？

見つめていれば心配なし。

暗くたって、恐くたって、つらくたって、悲しくて涙が出ていたっていいんです。

だけど、決して見失わないように。

かすかな光でもいいから見つめているんですよ。

すると必ず、パッと明るく、大きな星となって頭上に輝くときがきます。これは、自分を信じる人にだけ、そう思い、心に描く人にだけ、よく見える星なんです。

だから、だれにでも見つけられて、大きくなっていく星のことなんです。

05

人生は、どんな辛いことがあっても
生きるに値する。
そして、人が、この人生を生きて行くためには
三つのことが必要だ。
想像力(希望)と勇気、そしてサム・マネーだ。

――チャーリー・チャップリン

Charles Spencer Chaplin

1889～1977
イギリスの映画俳優・監督・脚本家・製作者。
著書に『チャップリン自伝』など。

イメージトレーニング

イメージトレーニングはかんたんです。
しかし、とても重要です。
人は思い描く人間になっていくからです。
夜寝る前の一〇分間くらい、自分のなりたい姿を、素敵な姿を描くのです。

休日の昼寝（シエスタ）のときも、公園のベンチでも。
走りながらだったり、朝の散歩をしながらだったり。
どこでもやりたくなったらやるというのがいいと思います。
大切なのは、自分の夢を具体的目標として描いておくこと。

そして、もうひとつ大切なのは、大げさに考えないことです。
気楽に、気楽に。
これがコツです。
こんな、イメージトレーニングでも大きな効果が出てきます。

06

すべてのことは願望から生まれ、
すべての真摯《しんし》な思いは、実現するのだ。
私たちは心の思い定めるような人間になるのだ。

――エルバート・ハバード

願いはかなう

願いはかなうもの。
願わなくては、なにもはじまりません。
今の自分は、過去に自分が願ってきたものそのものです。
思いは実現します。
思わなくてはなにもできないのです。

Elbert Hubbord

1856～1915
アメリカの教育家。著書に『ガルシアへの手紙』など。

人は、思って初めてなにかができる。
人を好きになりたい。
そうすれば、好きな人ができるのです。
その前に自分を大切に、そして、自分を信じなくてはいけません。
そうすると、信じられる自分がつくられていくのです。
人が、私を好きになれる基盤ができます。
人を好きになりたい。
それは、人を大切にすること、思うことからはじまるのです。
好きと思うことからはじまるのです。
すると、そうした好きな人が、自分の前にあらわれてきます。
出会えるようになるのです。
夢を持ちつづけていたい。
自分のやりたいことを願い、挑戦しつづけたい。
人は意識でつくられています。
人は思いからすべてはじまります。
人は信じている限り大丈夫なのです。
だから、人の願いはかなうのです。
必ず、実現していくのです。

07

拝む心を持つことに人間の真の幸福が宿ろう。

——柳宗悦

やなぎ・むねよし

1889～1961
民芸研究家・宗教哲学者。著書に『手仕事の日本』『茶と美』など。

祈り

人が「祈る」のはなぜでしょうか？　人が神や仏を「拝む」のはなぜでしょうか。

聖なる心に戻りたいから。

世界に、自然に、世の中に対して、また自分の存在に対して、驚き、畏れ、ありがたく思うからでしょうか。

原始《げんし》、人間は自然の中にいました。
その後、いろいろなことを知りすぎました。
悪いことも覚えました。
しかし、結局宇宙の中にいる、そして永い時の流れの中に、ポツンといる存在です。
でも、大切な存在です。

祈ろう。
聖なるものに。
拝《おが》もう、清きもの、ありがたい存在へ。
少しずつ自分を清め、自分を信じるために。
自分を高めるために。

08

人生でいちばん大事なことは何か、
一つあげよと問われたら、私は躊躇《ちゅうちょ》なく
『できない（やらない）理由を探すな』と言いたい。

――渡部昇一

明日の私へ

たしかに不満はあります。

だれだってあります。

原因をだれかのせいにすることも簡単かもしれません。

でも、よくよく糸をほぐしていくと、ていねいに、ていねいに、ほぐしていくと、最後には自分のところから絡まっているのが、わかります。

わたなべ・しょういち

1930～

評論家。著書に『知的生活の方法』『歴史に学ぶリーダーシップ』など。

かといって、そうムキになって不満をなくす必要なんかないのです。

不満は前に進もうとする心の証拠ですから。


それよりもいいことがあります。

不満は適当にそこらへんに放っておいて、ときどき、つきあうことにして、明日の私へ向かって、声をかけることです。

なにか、ひとつでも、ひと言でもいい。

「やるよ！」

「こうするよ」

「あの希望をかなえる」

「だんだんいい感じだよ、私」って。

そうすると、今日がちがってきます。

今日は今日しかない、なにか意味のある日だって。

そして、明日。

明日は、きっともっとよくなります。

未来にはもっともっと、よくなった私が、まちがいなく待っています。

09

人間を賢くし、人間を偉大にするものは過去の経験ではなく、未来にたいする期待である。なぜならば、期待をもつ人間は何歳になっても勉強するからである。

——バーナード・ショー

George Bernard Shaw

1856〜1950
イギリスの劇作家。著書に『人と超人』『シーザーとクレオパトラ』など。

続けること

あきらめません、絶対に。
自分がやるべきこと、成し遂げたいこと、思い遂げたいことは、あきらめません。
遠くに見えても、それは最初だけです。
時間がたてば、続けていれば、必ず目標や希望や夢に接近していきます。
毎日、だんだんめざすものに近づいていきます。
たとえば、英語だってそうです。
一冊、本を翻訳しようとしたら、死ぬほど大変。
二冊目、かなり大変。
三冊目、うーん、やっぱり大変かな。
でも、四冊目、五冊目、六冊目、七冊目……。
そして十冊目。
きっとずいぶん、できるようになっているはずです。
大事なのは、続けるということ。
思いつづけること、あきらめないこと。
勉強を続けること。
夢も、目標も、仕事も、恋も。
なにもかも、自分の遂げたいことは、あきらめません。

10

わたしには夢がある。

――マーティン・ルーサー・キング牧師

明日を信じて

どんな偉い人と言われようと、どんなお金持ちになろうと、明日を信じなくては生きるかいがありません。

一方、どんなにつらくても、どんなに苦しくても、どんなに苦労しても、明日を信じることができれば、しっかりと生き抜けます。

Martin Luther King,Jr

1929～1968
牧師・非暴力主義の黒人運動指導者。「非暴力主義」を唱え黒人開放運動に大きな影響を与えた。

生き抜くというすばらしい価値があります。
人の価値とは、そういうものではないでしょうか。
私には、夢があるか。
私は、明日を信じているか。

おわりに

すべてはうまくいっている。

すべては正しく導かれている。


わたしは、佐田弘幸氏のこの言葉が大好きです。

この世のすべて、人生のすべては、自分を信じることからしかはじまりません。自己への信頼こそが、私たち、この世を生きていく者に求められる資質なのです。

なにがなんでも、自分を信頼しよう。

信頼したからには、それに応えよう。

それが、私たちが生まれてきた理由なのですから。

この本を通じて、あなたがそのことに気がついてくれていたら、とてもうれしいです。


気づくだけでいいんです。

気がつくだけで、人生がいまよりもっと楽しく感じられるはずです。

明日が楽しみになるはずです。
そう感じる気持ちこそが、鋼の心を作り上げます。
何を言われても、何が起きても、きっと大丈夫、と思えるようになるからです。

すべてはうまくいっている。
すべては正しく導かれている。

さぁ、どうですか？
あなたのハートにコトバは効いてきましたか？

最後になりましたが、この本づくりを手伝ってくれた、総合法令出版の斉藤由希さんに、そして、この本を読んで下さった読者のみなさんに心から感謝いたします。

佐田弘幸（さだ・ひろゆき）
1962〜
瞑想指導家。著書に『すべてはうまくいっている』『ゼロ思考』など。

【著者プロフィール】

ハイブロー武蔵（はいぶろーむさし）

1954年（昭和29年）福岡県生まれ。早稲田大学法学部卒業。海外ビジネスに携わった後、数社の会社を経営し、現在ビジネスエッセイストとして活躍中。読書論、ビジネス論、人生論、人間関係論、成功法則論を主なテーマとしている。著書に『希望の星の光を見失うな！』『読書力』『読書通』『勉強人』『生きがいの読書』『失敗力』『天国への橋』『生きる力が身につく論語三六五話』『新・いますぐ本を書こう！』『自分に奇跡を起こす言葉』『「嫌われてる？」と感じたときに読む本』（以上総合法令出版）、『ツキを絶対につかむ行動法則42』『自分を磨く読書術』（大和書房）など、訳書に『ガルシアへの手紙』『ローワン』『人生を幸せに導く13の習慣』『若き商人への手紙』『幸福実現のための　フランクリン・メソッド』（以上総合法令出版）他多数の共著や編著がある。

本書は、2001年12月に総合法令出版により刊行された
『自己信頼』を改題、再編集し刊行したものです。

JASRAC　出 0113849-902

あなたのハートに効くコトバ

鋼の心を作るための名言集

2009年6月23日　初版発行

著　者　ハイブロー武蔵
発行者　野村直克
発行所　総合法令出版株式会社
〒107-0052
東京都港区赤坂1-9-15　日本自転車会館2号館7階
電話　03-3584-9821(代)
振替　00140-0-69059

印刷・製本　中央精版印刷株式会社

ISBN978-4-86280-159-3